DESCRIPTION

DES

BAS-RELIEFS

ANCIENS

Trouvez depuis peu dans l'Eglise Cathedrale de Paris.

A PARIS,

Chez PIERRE COT, Imprimeur-Libraire ordinaire de l'Academie Royale des Inscriptions & Médailles, ruë S. Jacques, vis-à-vis S. Yves, à la Minerve.

M. DCC. XI.

AVEC PRIVILEGE DE SA MAJESTE'.

PRIVILEGE DE SA MAJESTE'.

LOUIS par la grace de Dieu, Roy de France & de Navarre.
A nos amez & feaux Confeillers les Gens tenans nos Cours de
Parlement, Maiftres des Requeftes ordinaires de nôtre Hoftel,
Grand Confeil, Prevoft de Paris, Baillifs, Sénéchaux, leurs Lieu-
tenans & autres nos Jufticiers qu'il appartiendra, SALUT. *Nôtre
Academie Royale des Infcriptions & Médailles*, Nous ayant tres-
humblement fait expofer, que depuis qu'il nous a plû luy donner par
un Reglement nouveau des marques de la continuation de nôtre af-
fection, elle s'eft appliquée avec plus de foin à cultiver les fciences
qui font l'objet de fes exercices, en forte qu'outre les Ouvrages
qu'elle a donné au public, elle feroit en état d'en produire encore
d'autres, s'il nous plaifoit luy accorder nos Lettres de privilege. Et
défirant donner à ladite Academie en Corps, & en particulier à chacun de ceux qui la compofent, toutes les facilitez & les moyens
qui peuvent contribuer à rendre leurs travaux utiles au public;
Nous avons permis & permettons par ces prefentes, fignées de
nôtre main, à ladite Academie, de faire imprimer, vendre & débiter dans tous les lieux de nôtre obéïffance, par tel Imprimeur-Libraire qu'elle voudra choifir, en telle forme, marge, caractere, &
autant de fois que bon luy femblera, *Toutes les Recherches & Obferva-
tions journalieres, & Relations annuelles de tout ce qui aura été
fait dans les Affemblées de l'Academie Royale des Infcriptions & Médailles, comme auffi les Ouvrages, Mémoires ou Traitez de chacun
des particuliers qui la compofent, & generalement tout ce que ladite
Academie voudra faire paroître fous fon nom*, lorfqu'aprés avoir
examiné & approuvé lefdits Ouvrages, Mémoires ou Traitez de
chacun des particuliers, au terme de l'Article 44. dudit Reglement,
elle les jugera dignes d'être imprimez, & ce pendant le temps de dix
années confecutives, à compter du jour de la datte defdites prefentes.
Faifons tres-expreffes défenfes à tous Imprimeurs, Libraires, & à
toutes fortes de perfonnes de quelque qualité & condition que ce

foit, d'imprimer, faire imprimer en tout ny partie, aucun des Ouvrages de ladite Academie, comme auffi d'en introduire, vendre & débiter d'impreffion étrangere dans nôtre Royaume, fans le confentement par écrit de ladite Academie ou de fes ayans-caufes, à peine contre chacun des contrevenans, de confifcation des exemplaires contrefaits au profit de fondit Imprimeur; de trois mille livres d'amende, dont un tiers appartiendra à l'Hôtel-Dieu de Paris, un tiers audit Imprimeur, & l'autre tiers au dénonciateur, & de tous dépens, dommages & interefts, à condition que ces prefentes feront enregiftrées tout au long fur les Regiftres de la Communauté des Imprimeurs & Libraires de Paris, & ce dans trois mois, à compter de ce jour; que l'impreffion de chacun defdits Ouvrages fera faite dans nôtre Royaume, & non ailleurs, & ce en bon papier & en beaux caracteres, conformément aux Reglemens de la Librairie; & qu'avant que de les expofer en vente, il en fera mis de chacun deux exemplaires dans nôtre Bibliotheque publique, un dans celle de nôtre Cabinet du Louvre, & un dans celle de nôtre tres-cher & feal Chevalier Chancelier de France, le fieur Phelypeaux Comte de Pontchartrain, Commandeur de nos Ordres; le tout à peine de nullité des prefentes, du contenu defquelles Nous vous mandons & enjoignons de faire joüir ladite Academie, ou fes ayans caufe, pleinement & paifiblement, fans fouffrir qu'il leur foit fait & donné aucun trouble & empêchement. Voulons que la copie des prefentes qui fera imprimée au commencement ou à la fin defdits ouvrages, foit tenuë pour dûëment fignifiée, & qu'aux copies collationnées par l'un de nos amez & feaux Confeillers & Secretaires, foy foit ajoûtée comme à l'original. Commandons au premier nôtre Huiffier ou Sergent fur ce requis, de faire pour l'execution d'icelles, tous actes & exploits neceffaires, nonobftant Clameur de Haro, Charte Normande, & Lettres à ce contraires : CAR tel eft nôtre plaifir. DONNE' à Verfailles le 3. de Septembre, l'an de grace mil fept cent fept, & de nôtre Regne le foixante-cinquiéme. *Signé* LOUIS : *Et plus bas*, Par le Roy, PHELYPEAUX.

Regiftré fur le Regiftre N° 2. *de la Communauté des Libraires & Imprimeurs de Paris*, page 152 N° 529 *conformément aux Reglemens, & notamment à l'Arreft du Confeil du 13. Aouft* 1703. *A Paris ce* 3. *Octobre* 1707.   LOUIS SEVESTRE, *Syndic.*

L'Academie Royale des Infcriptions & Médailles, par délibération prife en l'Affemblée du 6. de Septembre dernier, a cedé le prefent Privilege au Sieur Pierre Cot fon Imprimeur-Libraire, pour en joüir conformément au Traité du 5. du même mois, en foy de quoy j'ay figné, à Paris le 23. de Novembre 1707.

GROS DE BOZE Secretaire perpetuel de l'Academie Royale des Infcriptions & Médailles.

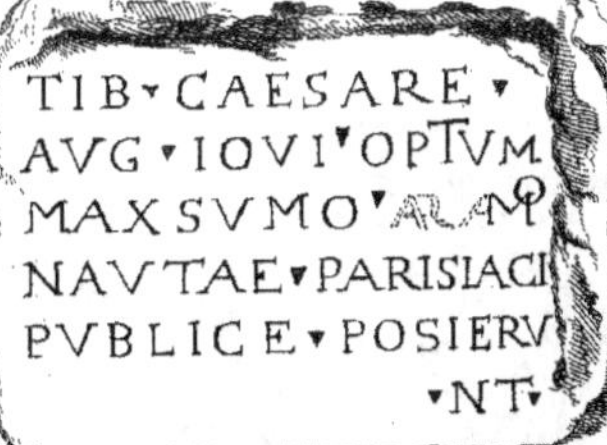

EVRISES.

SENANIEWIEILOM

DESCRIPTION
DES
BAS-RELIEFS
ANCIENS

Trouvez depuis peu dans l'Eglise Cathedrale
de Paris.

---

§. I.

Attention de l'Academie sur ce qui se découvre.
Motif de cette Dissertation. Memoire du
Sieur Hauberat de la découverte des Pierres.

UOYQUE cette Academie ne borne
pas ses occupations précisément à
une certaine étude, la recherche des
Antiquitez néanmoins est presque
son objet favori. Elle ne doit pas
negliger par consequent les occasions de conside-
rer les Phenomenes, pour ainsy dire, qui se pre-

A.

fentent dans ce genre de litterature. Ainfy les Monumens anciens qu'on vient de découvrir dans la Cathedrale de Paris, s'offrent trop à propos pour ne les pas examiner icy , & pour ne nous pas exciter à dire ce qu'on en doit penfer.

Tout Paris a été les voir , mais je ne fçay s'ils font auffy connus qu'ils peuvent l'eftre. Quoy qu'il en foit, parmy le grand nombre de leurs fpecta-teurs, peut-être s'en trouvera-t-il quelqu'un qui voudra fe donner le plaifir de les expliquer. Nôtre Compagnie n'eft point jaloufe des travaux d'au-truy, elle fe fait au contraire un devoir d'y fouf-crire , & d'en préconifer l'érudition , quand ils le meritent. Luy pardonneroit-on cependant que fur des Bas-reliefs qu'on déterre fous fes yeux, un Etranger la prévînt, & en publiât quelque chofe avant elle?

J'ay donc pris fur moy le foin de les décrire, & je me fuis chargé d'y joindre quelques reflexions. L'obligation de parler dans cette Affemblée, m'a-voit fait choifir un fujet d'un autre goût, quoy que de même genre. Mais je me fuis figuré que ce que je ferois fur ces Antiques interefferoit davan-tage la curiofité du public.

Une certaine Antiquité du Pays, que je fais gloire d'avoir pour Patrie, qui s'y trouve mêlée , m'a touché trop fortement pour ne m'y pas en-gager. La veneration, fi je l'ofe dire, qu'ils m'ont infpirée, & la complaifance particuliere que j'en ay reffentie, m'ont entraînez. Enfin je n'ay pû me refuser au plaisir d'en parler, quelque peu de temps que j'eusse pour en donner une explication, & plus brillante, & plus recherchée.

Voici comment & d'où l'on a tiré les Pierres chargées des Inscriptions & des Sculptures dont il s'agit. Tout le monde sçait le grand & magnifique dessein de l'Autel que le Roy fait construire à Nôtre-Dame. Lorsqu'on foüilla dans le Chœur pour ce sujet, on fut engagé en même temps de faire une cave pour y inhumer les Prelats de cette Eglise. C'est au milieu de l'endroit qu'on avoit choisy que se sont trouvez nos Monumens. Ils étoient rangez de suite, & servoient en partie de base à un ancien mur, qui non seulement traversoit ce lieu, mais qui poussoit même plus loin. Dans le dessein que je conçûs d'en expliquer les Bas-reliefs, je crûs que l'examen de la situation du mur, & de ce qu'il étoit autrefois, pouvoit m'ê-tre de quelque éclaircissement. Comme je ne m'étois pas trouvé à sa premiere découverte, je priay M. Hauberat Architecte du Roy préposé aux ouvrages nouveaux, de me marquer ce qu'il avoit vû, & ce galant homme m'en donna ce Me-moire.

Je me suis fait un plaisir, Monsieur, de satis-faire à ce que vous m'avez fait l'honneur de me demander au sujet des Pierres antiques que nous avons déterrées. Aprés avoir foüillé environ six pieds, on a trouvé un vieux mur de prés de trois pieds d'épaisseur. Il n'étoit bâti que de moilon

» fort dur; mais il avoit tellement fait corps avec
» le mortier, qu'à peine le pût-on démolir avec de
» gros coins de fer & de grosses masses. On n'en
» eut pas ôté deux pieds du haut, que nous trouvâ-
» mes à côté précisément & en ligne paralelle un
» autre mur plus ancien d'environ deux pieds &
» demi d'épaisseur. La matiere & la fabrique de ce
» mur n'étoient pas si dures à beaucoup prés que
» celles de l'autre.

» Le nouvel obstacle qui coupoit nos travaux ne
» nous obligeoit pas moins à l'ôter. Je fis donc en-
» lever un rang ou deux de gros moilon, ou liba-
» ges, sous lesquels nous découvrîmes les Pierres
» dont il s'agit. Elles étoient posées en retraite de
» part & d'autre environ de huit à neuf pouces. Le
» premier mur dont j'ai parlé n'étoit pas fondé plus
» bas que la retraite. Il étoit assis en partie dessus,
» & le reste sur une espece de glaise. Pour ce qui
» est du plus ancien mur, il étoit fondé plus bas.
» J'ai fait lever cependant quelques pierres qui
» étoient au-dessous des Bas-reliefs, & il ne s'est
» rien trouvé de ce genre davantage. Les pierres
» d'au dessous sont tres dures, à la difference de celles
» des Monumens qui sont de S. Leu, & par conse-
» quent assez tendres. Voilà, Monsieur, tout ce
» que je puis vous marquer des particularitez que
» vous avez desiré sçavoir.

§. II.

Childebert I. second Fondateur de la Cathedrale. Vers de Fortunat qui le prouvent. Dubreüil se trompe sur son Epoque. Childebert abat les Monumens Payens. Il s'en trouve sous les murs de la nouvelle Eglise. Preuve de ce qu'on avance.

ON a vû par le recit de M. Hauberat que nos Monumens se sont trouvez sous un ancien mur qui passoit au travers en large, & à un peu plus de la moitié du Chœur. Ma conjecture est que ce Mur est un de ceux de l'ancienne Eglise de Paris, dont Childebert I. fit commencer le bâtiment vers le temps, ou même l'année d'auparavant l'Episcopat de S. Germain de Paris. Ce Prince en effet ne l'acheva pas, pour dire cecy en passant; ce qui m'est aisé de justifier. On trouve entre les œuvres de Fortunat Evêque de Poitiers, un Poëme consacré à l'éloge de cette Eglise, & c'est de-là que je tire ma preuve. Le Poëte dit que » Childe-bert par un amour singulier pour son peuple, avoit commencé à luy procurer ce bien non perissable. « *L. 1. c. 11. p. 60.*

Hæc prius egregio Rex Childebertus amore
Dona suo populo non moritura dedit.

Il ajoûte ensuite que » le vray Melchisedech de son temps Roy & Prêtre, avoit, quoy que Laïc, achevé cet ouvrage de Religion; dont il semble avoir été témoin. «

Melchifedech noster merito Rex atque Sacerdos
Complevit laïcus relligionis opus.

Il ne peut entendre que Cherebert par le Prince qu'il nomme *Melchifedech.* Childebert étoit mort dès 558. ou 59. & Fortunat qui ne paſſa en France que vers 565. n'a pû venir à Paris que ſous Cherebert qui y avoit ſuccedé à ſon oncle Childebert. Celuy-cy enfin n'entreprit le bâtiment de nôtre Egliſe que ſur les dernieres années de ſon Regne, & non pas en 522. ſelon Dubreüil. La découverte des Bas-reliefs me le fait conjecturer, & voicy ſur quoy je fonde ma penſée.

Childebert, diſent les Auteurs de nôtre Hiſtoire, ordonna qu'on abattit les Statuës des Dieux du Paganiſme, & fit détruire par-là ce qui reſtoit des monumens de l'Idolâtrie. Ce ne fut que vers 554. que l'Edit en fut publié, il porte que *quiconque ſuffiſamment averty par ſa publication, ne rejetteroit pas de ſon champ & de quelque endroit que ce fut les ſimulachres qui y étoient érigez, ou pour mieux dire les Idoles dediez au demon par les hommes, ou qui s'oppoſeroit aux Prêtres qui avoient ordre de les détruire ſeroient traitez comme des ſacrileges.* Cet Edit fut executé dans ſes Etats, on abattit par tout ce qui avoit ſervy au culte de la Religion Payenne, on en briſa les Idoles, & les Autels.

On ne peut douter qu'il n'y en eut aux environs du lieu où Childebert fit rebâtir nôtre Cathedrale, & qu'on n'en eut employé les débris aux

fondements de l'Eglife, puifqu'on y a trouvé, &
des Autels, & des fragments de Statuës; il eſt certain par confequent que l'Eglife de N. D. a été
bâtie fous Childebert, & que ce Prince n'en a
commencé le bâtiment que vers les dernieres années de fon Regne. L'Edit ne fut fait qu'en 554.
& il mourut en 558. ou 59. Il y avoit un port tout
voifin, qui même depuis les anciens temps à ce
que remarque l'incomparable Auteur du Traité
de la Police (M. de la Mare) en a toûjours retenu
le nom. Cela joint avec la grande Infcription
qu'erigent de prétendus Bâtelliers, fortifie beaucoup ma conjecture du lieu où les Pierres dont il
s'agit étoient originairement placées. Cet endroit
d'ailleurs étoit plein d'arbres, comme on le ſçait,
& comme je l'ay lû quelque part. C'étoit auſſy dans
les bois que nos anciens Gaulois exerçoient leurs
cérémonies religieufes. Ils y confacroient aux Dieux
qu'ils adoroient ou des arbres, comme dés les premiers temps fuivant le témoignage de Pline *priſco-
que ritu. . . . . arborem dicant ;* ou des Autels plus
communément depuis leurs guerres, & leur commerce avec les Romains. C'eſt ce qu'on voit dans
Tacite parlant des Germains du temps de Tibere
lucis propinquis barbaræ aræ. Or ces Peuples, & les
Gaulois avoient à peu préz les mêmes ufages du
confentement de tous les Auteurs.

Je ne pouvois gueres me difpenfer de faire pré-
ceder les petites circonſtances dont je viens de
parler. Elles étoient, ce me femble, neceffaires à

la defcription,quoy que coûrte,que je me fuis pro-
pofé de vous donner.

---

§. III.

Pierres déterrées Autels des Gaulois. Anciennes lettres Grecques, & Romaines femblables. Infcription expli-quée. Tibere Augufte fujet du monument érigé par flaterie fur la fin de la premiere année de ce Prince.

LEs Pierres qu'on a tirées font au nombre de cinq chargées de fculptures. Il y en a trois dont malheureufement on n'a trouvé que la moi-tié, & une autre qui n'eft qu'un fragment de Sta-tuë, mais d'un bon goût. La plûpart de ceux qui les ont vûës d'abord ne fçavoient qu'en penfer. Comme je m'y trouvay dans ce temps, je ne pûs m'empêcher de faire voir qu'elles avoient fervy d'Autels aux habitans du voifinage, aux Gaulois idolâtres de ce canton. C'eft ce que je fis remar-quer par la figure ifolée, & terminée de ces Pier-res, par la hauteur des Bas-reliefs dont elles font ornées, par le nom Celte de quelques Dieux, & les Infcriptions en termes inconnus, quoyqu'en lettres Romaines communes.

Au refte la beauté des caracteres me fait pen-fer volontiers qu'elles font toutes à peu prés du même fiecle. Les noms Celtes de quelques unes des Infcriptions, mais avec une terminaifon latine, prouvent qu'elles ont été érigées par des Gaulois.
Ceux-cy

Ceux-cy forcez par la politique Romaine d'adopter les Coûtumes & la Langue du Vainqueur, s'y étoient voulu conformer de cette maniere. A l'égard de la figure des lettres, ce que dit Cesar fait concevoir qu'on se servoit dans les Gaules de lettres grecques. Il est constant que les plus anciennes lettres Latines étoient presque semblables aux plus anciens caracteres Grecs. Outre que Pline & Tacite le disent en propres termes, une fort grande Inscription de marbre de 2400. ans chez moy en est une preuve authentique. Le sçavant Dom Bernard qui en a publié & le titre, & le merite dans sa *Paleographie*, m'est un bon témoin de ce que j'avance.

Les Pierres dont il s'agit étoient donc toutes des Autels consacrez, ou par un usage de la Religion du temps, & du pays, ou par un motif de la reconnoissance de quelques particuliers. Il y en a une que je crois plus précisément de ce dernier genre, elle est à mon gré la plus curieuse, & celle à la description de qui je m'arrêteray davantage. L'Inscription qui tient une de ses faces entiere marque à ce que je prétends, non seulement la destination de cet Autel, mais le temps de son érection, ainsy je soûtiens qu'il faut l'interpreter de la sorte.

TIB. CAESARE
AVG. IOVI OPTVM
MAXSVMO *ARAM*
NAVTAE PARISIACI
PVBLICE POSIERV
.NT.

Tibere Cefar ayant accepté ou pris le nom d'Augufte, *les Commis ou* les Officiers de la Navigation du territoire de Paris ont confacré publiquement cet Autel en action de grace à Jupiter tres bon & tres-grand.

On ne fçauroit entendre par TIBERIO CÆSARE AUGUSTO *du Regne de Tibere Cefar Augufte.* ♊. Ce n'eft pas le ftile ny de la Langue ny des Infcriptions de ce temps-là. Je ne fçache pas même qu'on en trouve un feul exemple dans la fuite jufqu'aux Empereurs Chrétiens; ainfy il n'eft pas poffible d'y fuppléer le terme d'*imperante* ou de *regnante.* En fecond lieu, les dattes ne fe mettoient point de la forte, mais par le nom des Confuls, la feule & unique maniere de les marquer dans l'Empire Romain.

D'ailleurs on voit aifément que cette premiere partie de l'Infcription TIB. CAESARE AVG eft la caufe pour laquelle les NAVTAE du territoire de Paris érigent ce Monument. Qui peut défigner cette caufe, fi ce n'eft le terme d'*Augufte.* C'eft donc à caufe de ce nom, qui emporte avec foy tant de prérogatives utiles & honorables, que pour en faire fa cour, & pour marquer fon attachement au Prince, on veut en rendre grace au Ciel.

La flatterie regnoit trop alors, même dans le Senat Romain, qui prosterné aux genoux de Tibere, le conjuroit d'accepter l'autorité souveraine, pour ne point se répandre jusques dans les Provinces. Ce Prince, dit Suetone, soit par des réponses ambiguës, soit par un retardement affecté, ou par une crainte que deux ou trois circonstances luy inspiroient, tint en suspens un temps assez considerable tous les ordres de l'Empire Apréz même que ses craintes furent dissipées par le meurtre, entre autre, du jeune Agrippa, & par la prise de Clement, il refusa les suprêmes honneurs qu'on luy offroit. A l'égard des Titres, il n'accepta jamais celuy d'*Imperator* comme Prenom, ny celuy de *Pere de la patrie* comme surnom. Il ne prit pas même celuy d'*Auguste*, ajoûte Suetone, quoyqu'hereditaire, si ce n'est lorsqu'il écrivoit aux Rois.

Cette derniere circonstance neanmoins n'est pas vraye absolument, comme je l'ay fait voir dans une Lettre imprimée il y a 13. ans. Les Medailles, & les Inscriptions reclament contre. Ce ne fut donc que pendant l'intervale, c'est-à-dire pendant quelques mois de sa cauteleuse politique, & de sa modestie simulée, qu'il s'abstint en public & communément du nom d'*Auguste*. Lorsque dans la suite il agit en Prince, *paulatim Principem exercens*, dit Suetone, il admit volontiers, suivant les termes de Dion, le surnom d'*Auguste*, il se le donnoit luy-même en écrivant aux Rois. *L.51.p.607.*

La modestie apparente de ce Prince fit qu'on

s'empreſſa même à luy en faire ſa cour, & qu'on luy ſçut gré lorſqu'il ſouffrit que le Senat luy rendit de certains honneurs. Ce fut pour cela que quelques Peuples , que quelques Communautez , comme celle de nôtre Inſcription , en marquerent leur joye publiquement, & en donnerent des témoignages publics de congratulation. Le motif ſervile dont j'ay parlé , & que l'exemple des Principaux de l'Empire inſpiroit, leur en fit offrir au Ciel des vœux de reconnoiſſance, & luy en conſacrer des Autels.

Il s'étoit répandu en effet , comme je l'ay dit, un tel eſprit de flatterie qu'on ne cherchoit pas ſeulement comment la témoigner , mais à le faire d'une maniere plus recherchée , *quo quæſitior adulatio fuit*, dit Tacite. L'on ne trouva point , ajoûte l'Auteur , d'autre moyen , que d'ordonner l'érection des Statuës des Princes , de conſacrer des Autels aux Dieux , des Temples , & des Arcs. *Nec tamen repertum niſi ut effigies Principum , aras Deûm Templa & Arcus , aliaque ſolita cenſerent.*

Ce Monument ainſy peut avoir été érigé ſur la fin de la premiere année du regne de Tibere , lorſque dans les Gaules on eut appris qu'il s'étoit humaniſé , & qu'il admettoit le titre d'*Auguſte* qu'il n'avoit pas voulu qu'on luy decernât comme on l'y avoit crû , parce qu'il avoit refuſé les autres honneurs.

§. IV.

Nouvelles preuves de la conjecture. Cornaline gravée appuye l'Epoque de la premiere année. Termes de l'Infcription justifiez. Explication du terme NAVTAE. Qu'ils étoient souvent des gens de confideration.

JE ne ferois pas auffy prévenu de mon Commentaire que je le fuis, fi une autre Infcription du même temps érigée par une Communauté, qu'on nommoit *les Freres Arvaux*, pour un femblable motif, ne juftifioit mon interpretation. Elle eft auffy confacrée à Jupiter, & marque qu'aux Ides de Janvier les Confreres de cet Ordre avoient immolé des victimes à Jupiter & à d'autres Dieux, pour leur rendre grace de ce que Tibere Claude Cefar avoit été appellé *Augufte* Germanique Pere de la Patrie. Le commencement de l'Infcription n'eft pas entier ; mais d'autres pareilles de cet Ordre font connoître qu'il n'y avoit que les noms d'une partie des Prêtres du temps, qui avoient ordonné des Sacrifices, & qui y avoient affifté, qui y manquent.

... L Vitellius Paullus
.... Scipio Magnus Pompe
  Idus Januar.
... oni quod ti. Claud. cae.
... vs Germanicus P. P. appellatvs
... olio Iovi bovem marem &c.

Voylà donc un Sacrifice offert, parce qu'un Prince avoit été proclamé *Auguste Germanique Pere de la Patrie.*

Rien n'empêche que ce Monument ne regarde Tibere, il avoit les mêmes noms, comme quelques-unes de ses Médailles le prouvent; & il fut proclamé Germanique l'année de la mort d'Auguste. Il prenoit luy-même ce nom quelquefois, rapporte Dion Cassius, & celuy de Prince du Senat. Mais quoique ce Prince ne permît pas qu'on luy décernât aucuns des autres Titres suprêmes, *il les souffroit* neanmoins, dit ce même Auteur, *lorsqu'il se les entendoit donner, ou lorsqu'il les lisoit ou dans les Ecrits,* ou peut être dans les Monuments λεγό-μενον ἢ ἀκούων καὶ γραφόμενον ἀναγινώσκων ἔφερε. Cette circonstance qu'on a pû mander dans les Gaules, étoit un motif suffisant à la Communauté de nôtre Inscription, pour l'engager à s'en faire un mérite aupréz du Prince par un Monument public & de pieté, & d'attachement pour sa personne.

J'avoûray neanmoins que quelques Auteurs donnent cette derniere Inscription à Claude : mais cela ne change rien à l'induction que j'en tire. C'est toûjours une Communauté qui rend graces aux Dieux, parce qu'un Prince *avoit été proclamé Auguste Germanique Pere de la Patrie.*

Il se faisoit quelque ceremonie, comme je l'ay remarqué dans une Lettre déja citée, qui rendoit la chose plus éclatante. Cette ceremonie appellée

inauguration , faifoit nommer les lieux & les perfonnes *Auguratos*, elle les rendoit plus refpectables,
temoin ce qu'en dit Suetone, *quod loca religiofa, &* V. *Aug.*
in quibus augurato quid confecratur Augufta dicantur, Ch. 7.
que les lieux où l'on confacre quelque chofe avec
ceremonie, font appellez Auguftes. D'où vient
le reproche de Ciceron à Vatinius d'avoir tra-
duit un fcelerat pour dénonciateur dans un Tem-
ple, dans un lieu confacré. *Indicem in roftris*, dit P.4⁵9.n.14
l'Orateur, *in illo inquam augurato templo, ac loco collo-*
caris. C'eft pour cela que l'Infcription d'une Pierre
antique de mon Cabinet, donne le Titre d'*Auguratus*
à Tibere, *Tib. Cae. Div. Av. F. Imp.* VII. *Augurato.*

comme qui diroit confacré par les ceremonies ordinaires, pour rendre les perfonnes avec les lieux
auguftes. Il y a au revers de la Pierre une Aigle
avec une couronne dans fon bec, & ces deux lettres C. S. à côté, qui veulent dire peut-être *Cou-*
ronne confacrée, à caufe de la ceremonie, & du confentement que Tibere y avoit donné.

Il faut remarquer que ces termes, *Divi Augufti*
Filio Imperatore VII. marquent précifément l'année
de la mort d'Augufte, & la premiere année indu-
bitablement du Regne de Tibere. Cette Infcription du moins prouve encore qu'à l'occafion des

Titres & des honneurs déferez au Prince, les peuples y prenoient part, & en donnoient des démonſtrations publiques & particulieres.

Outre que le deſpotiſme qui s'établiſſoit de plus en plus dans ce temps rendoit cet uſage de flatterie plus commun, pluſieurs Villes des Gaules en avoient donné des exemples par des Autels & des Inſcriptions déz le temps d'Auguſte en 763. de Rome, quatre ans avant la nôtre. Le menu peuple de Narbonne entr'autre PLEBS, conſacre un Autel au Genie d'Auguſte, *Numini Auguſti*, & y fonde des Sacrifices en differens temps de l'année en action de graces, parce que le Ciel avoit procuré à la terre la naiſſance d'Auguſte, & de ce que ce Prince en avoit bien voulu prendre le Gouvernement. Quoyque ce ſoit le même eſprit qui regne dans la nôtre, faite ſeulement quatre ans aprés, elle me paroît cependant plus modeſte. Au reſte le terme *Pariſiaci*, ſur lequel j'ay vû des gens qui faiſoient de la difficulté, trouve ſon autorité dans l'antiquité de la Pierre. L'uſage de ce nom eſt encore confirmé par un Capitulaire de Charlemagne, où il eſt parlé des lieux où les Intendants de Paris devoient exercer leurs fonctions, *de locis ubi miſſi eſſe debent in Pariſiaco Melciano Meledunenſi*, &c. où l'on voit que ce nom *Pariſiacus* s'étoit perpetué juſques à l'Empire de Charlemagne; & apréz POSIERUNT non plus, n'eſt pas une expreſſion fautive, puiſqu'elle eſt confirmée par une autre ſemblable qu'on lit dans nos Recüeils.

Inſiſta

Gruter.
p. 229.

Infiſtæ parcæ depoſierunt carmine.

Cela ne demande pas une plus ample explication.

A l'égard de ceux qui l'ont érigée & qui ſe diſent NAUTÆ, qu'on ne s'imagine pas que ce fuſſent des gens de rien? auſſy ne l'ay-je pas voulu traduire par *Baſteliers*, le terme de NAUTÆ n'a pas dans nôtre Langue d'expreſſion propre qui convienne à ce que ces ſortes de gens étoient la plûpart du temps. Ce n'étoit quelquefois rien moins que des Manouvriers, ils en avoient ſous eux pour la conduite des baſteaux *Ils étoient d'ordinaire des Commerçans riches & celebres qui faiſoient voiturer les marchandiſes pour leur conte, autant que pour celuy d'autruy. Trop de lieux dans nôtre Droit Romain prouvent ce que je dis.

On y entend encore ſouvent ſous ce nom, des Fermiers publics, auſſy y ſont ils appellez *Exercitores*, des Receveurs, *Nautæ id eſt exercitores;* ſur tout ce ſont ſouvent de gros Commerçans confondus dans le Droit, ſous l'un & ſous l'autre nom; peut-eſtre eſt-ce pour cela que dans quelques Inſcriptions données par Gruter, leur Corps eſt nommé *Splendidſſimum Corpus.* Dans une autre du même Recüeil gravée ſur une grande Urne à Rome, il paroît qu'un *Rgulien* Chevalier Romain, Patron de pluſieurs Communautez, & même des *Sextumvirs* de Lyon, eſt appellé NAUTA ARARICUS. Il falloit donc que ce Corps fut dans une certaine conſideration, puiſque des Chevaliers en étoient,

C

* *C'eſt ce qu'on voit par la XXI. Inſcript de M Guper, dans la Pref. des Faſtes Conſ d'Almenoven.*

415. 476.

Grut.p.466

comme on le voit par l'Inscription que je viens de citer, qui me paroît des premiers temps, c'est-à-dire sous les premiers Empereurs Payens. Il devint même si considerable dans la suite, suivant la remarque de Godefroy sur une Loy du Code Theodosien, que des Senateurs ne dédaignerent pas de s'y associer ou de s'y incorporer: une Loy même de Valentinien le leur permit En effet, les Empereurs Constantin & Julien avoient déja accordé à ceux de ce Corps la dignité de Chevalier; ce que Gratien, qui la leur confirme par une Loy, dit en propres termes: Ceux des Gaules sur tout, comme du Rhône, & de la Saone entre autres, paroissent avoir été des gens de consequence. Pourquoy n'en sera-t-il pas de même de ceux du territoire de Paris? On ne me persuadera pas volontiers apréz cela que sous le nom de NAUTÆ, on ne puisse jamais entendre que des *Basteliers*, que des gens de la plus vile populace, & si fort décriez par les Proverbes. Les nôtres donc étoient sans doute de ces gens distinguez, & en liaison necessaire par consequent avec les Magistrats Romains, ou les Procureurs & les Agens de l'Empereur; & ainsy plus engagez de politique à donner des marques de leur attachement. S'ils ont un air simple, c'estoit le caractere des Parisiens, dit un Poëte du 12. siecle parlant de Lutece,

In qua manserunt degentes simplice vita.

Les armes qu'ils portent les differencient assez du menu peuple, comme on le verra dans la suite.

§. V.

Bas-relief conforme au motif de l'Autel. Preuve de cet usage sur d'autres Autels. Figures tournées suivant le rit Gaulois. Bardes Chanteurs, & Prêtres. De leur habillement.

APréz ce que je viens d'expliquer, il ne me sera pas difficile de faire voir que les Bas-reliefs de cet Autel répondent à la destination que j'ay déja pressentie. Lorsqu'on érigeoit un Autel pour quelque sujet, il n'étoit pas extraordinaire qu'on l'accompagnât de Sculptures qui y avoient rapport. Outre les preuves qui nous en restent sur les Monumens mêmes, la plûpart des Anciens, comme Herodote, Pausanias, & autres, nous en donnent des exemples. En voicy un de Tacite. Domitien pensa perir lorsque Vitellius maître de Rome se défaisoit des principaux du party de Vespasien. Il convertit en *un petit Temple* l'endroit où il s'étoit caché, il le dedia *à Jupiter conservateur, & il y erigea un Autel de marbre sur lequel il fit representer les perils* qu'il croyoit avoir évitez par le secours de Jupiter. *Modicum Sacellum Jovi conservatori aramque posuit, casusque suos in marmore expressit.*

En voicy encore un exemple qui ne vient pas moins à nôtre sujet. Des Prêtres Flamines du Pays des Vocontiens, érigent à la priere du Peuple un Monument à un Vencius Juventianus, l'un des plus

Disc. sur l'état gener. des Gaules p. 9.

C ij

confiderables de leur Corps apparemment , pour luy rendre graces de fes liberalitez dans les fpecta-cles qu'il donnoit. C'eft ce que marque l'Infcrip-tion gravée fur un des côtez de la Pierre qui étoit encore au fiecle paffé dans les ruines d'une Eglife hors de Vaifon. Aymar Perrier Confeiller au Parlement de Grenoble qui le publie, dit que les Flamines qui dédient ce Monument, étoient reprefentez fur les autres faces de la Pierre.

Mais que ne faudroit-il point copier, fi c'étoit une chofe dont il fut poffible à un Antiquaire de douter? Les Autels donc fouvent contenoient ou le motif, ou les aventures de ceux qui les érigeoient, ou ce qui concernoit la mythologie, & le culte du Dieu à qui ils étoient confacrez. Je crois donc pouvoir avancer que celuy-cy reprefente une ce-remonie religieufe qui s'eft faite à fon érection par ceux qui l'ont dédiée ; on ne confacroit point fans cela de Monumens publics de pieté, chaque peuple là-deffus avoit fes ufages differens ; les Grecs, comme je l'explique dans mon Traité des Actions de Graces, avoient le leur dans la dédi-cace des Autels, & des Statuës.

Nos Parifiens n'étoient pas moins attachez que le refte de la Nation, felon Cefar, à de certaines pratiques religieufes. *Fuit enim natio omnium Gallo-rum admodum dedita religionibus.* Ils en avoient fans doute une particuliere dans cette occafion. C'eft peut-être ce qui eft exprimé dans les trois Bas-reliefs. Comme je les ay fait deffigner avec toute

la précision imaginable par un fort habile hom- *Chereau.*
me. Je me flate que ceux qui ont vû les Origi-
naux, les retrouveront dans la Copie.

Il n'y a pas d'apparence qu'on ait voulu fcul-
per à l'aventure une action profane fur un Autel
confacré à un Dieu. Les Figures qu'on y voit ne
paroiffent pas conftamment avoir rapport à la
mythologie, ou à l'hiftoire de Jupiter : ce ne peut
être par confequent que quelque ceremonie ob-
fervée à la dédicace de l'Autel.

Par l'attitude, & la fituation des Figures, elles
me paroiffent faire une efpece de Proceffion à la
mode, & fuivant le rit du Pays. Si l'on veut bien
prendre garde, toutes les Figures des trois faces
tournées d'un même côté, font voir une union de
démarche entr'elles, & une même allûre. Elles
tournent toutes comme marchant du côté gauche.
C'eft ce qui m'a perfuadé qu'elles étoient là dans
une fonction religieufe.

C'étoit la Coûtume de nos Gaulois de fe tourner du côté gauche dans les ceremonies de leur
Religion. Pline eft mon témoin de cet ufage. » En
adorant, dit cet Auteur, nous baifons la main
droite, & nous tournons tout le corps de ce côté-
là, c'eft ce que les Gaules croyent faire plus re-
ligieufement en fe tournant du côté gauche. *In
adorando dexteram ad ofculum referrimus, totumque corpus circùm agimus quod in lævum feciffe Galliæ Religio-
fius credunt.* Lucain m'en eft encore un bon garent,
lorfqu'il dit que Cefar ayant tiré les Garnifons

des Gaules, les Peuples de ce Pays en paix retour-
neront à leurs anciens exercices, de même que
» leurs Prêtres à ceux de la Religion. » Et vous,
» Druides, *ajoûte-t-il*, dés qu'on aura mis les armes
» bas, vous reprendrez vos uſages barbares, & la
» coûtume de vous tourner à gauche dans vos cere-
» monies religieuſes.

> *Et vos barbaricos ritus, moremque ſiniſtrum*
> *Sacrorum Druidæ poſitis repetiſtis ab armis.*

C'eſt cette pratique que le Poëte appelle *barbare,*
à cauſe que celle des Grecs, & des Romains luy eſt
contraire. Je ne ſçay même ſi ce ne ſeroit point
cet uſage qui auroit fait dire à Lampride, ſur une
idée aſſez mal conçûë, que la tête & l'eſprit des
Gaulois étoient retrogrades. *Gallicanæ mentes* ....
retrogradæ. Quoyqu'il en ſoit, cette diſpoſition égale
dans toutes les Figures paroît trop concertée, &
il eſt tres-probable qu'elle a rapport à l'uſage dont
je viens de parler.

La face où il y a ſix Figures eſt à mon ſens la
premiere. Elle repreſente ceux qui conduiſent la
marche, & qui en font plus particulierement les
fonctions religieuſes. Ils ne ſont ny veſtus, ny armez,
comme les autres, & j'en remarque quelques-uns
qui ſont couronnez, on ne peut pas dire préciſe-
ment de quoy, ils le ſont peut-eſtre de cheſne.
Pline en effet dit qu'ils ne font aucune ceremonie ſacrée, ſans y admettre des branches de cet
arbre, *nec ulla ſacra ſine hac fronde conficiunt.* J'eſtime

doncque ce font des Preftres nommez *Bardes*, ceux qui chantoient les Hymnes en l'honneur des Dieux & des hommes. *Barde*, felon Feftus eft un Chanteur en Gaulois. *Bardus*, Gallicè *cantor appella-tur*. Il chantoit, dit-il, les loüanges des grands Hommes. Strabon qui rapporte la même chofe, ajoûte qu'ils font eux-mêmes les Poëtes de leurs chants. βάρδοι μὲν ὑμνηταὶ χαὶ ποιηταὶ. Et Lucain dit que leurs vers tranfmettent la mémoire des grands hommes à la pofterité.

L. 4.

> *Vos quoque qui fortes animas belloque peremptas*
> *Laudibus in longum vates dimittitis ævum*
> *Plurima fecuri fudiftis carmina Bardi.*

L. I. p. 102.

Voicy la paraphrafe qu'a fait Brebeuf de cet endroit que je n'ay ofé reformer, quoy qu'elle rende imparfaitement le fens du Poëte.

> *Ces divins Enchanteurs de qui les puiffans charmes*
> *Font revivre un Heros abbatu fous les armes,*
> *Qui tranfmettent fa gloire à la pofterité,*
> *Et trouvent dans fa mort fon immortalité :*
> *Les Bardes entonnant leurs cantiques celebres*
> *Rappellent leurs Guerriers du milieu des tenebres.*

L. I. p. 34.

Quoy que Strabon les diftingue de ceux à qui le foin des facrifices étoit commis, il eft vray neanmoins de dire qu'ils étoient Preftres comme le remarque Bodin dans fa methode, puis qu'en Alleman, dit-il, le nom de *Bard* fignifie un Preftre ; ce qui ne peut avoir paffé dans ce pays que par le

P. 365.

canal de nos anceſtres, au langage de qui il eſt certain qu'il appartient.

Il ſe pourroit bien faire que dans ce nombre de
Figures, il y auroit auſſy de ces Preſtres Miniſtres
des Sacrifices dont parle Strabon, & peut-être des
Druides. Il s'agiſſoit d'une cérémonie publique
qui avoit rapport à l'Empereur, je ne doute point
que ceux qui étoient regardez comme les Chefs
de la Religion n'y fuſſent appellez ; auſſy Strabon
le dit-il en propres termes, qu'ils ne font aucune
cérémonie religieuſe ἄνευ Δρυΐδων, *ſans Druides.* D'ailleurs Diodore de Sicile parlant des Gaulois, dit pré-
ciſément qu'ils ne faiſoient rien en matiere de Religion ſans les y inviter, parce qu'ils ne croyoient pas
pouvoir ny rendre graces aux Dieux, ce ſont ſes termes, ny leur demander des biens ſans le *miniſtere* des
Preſtres. Les habillemens de ceux-cy differens de
ceux desdeux autres faces, peuvent contribuer à for-
tifier ma conjecture. Il me ſemble leur voir cette
Tunique, dont ſuivant le Scholiaſte de Juvenal, les
Gaulois ſe ſervoient dans leurs cérémonies religieuſes, *qua Galli utuntur,* dit-il, *in ſacris in modum organi u-
trinque decreſcentibus virgulis purpureis.* C'eſt à-dire une
Tunique quarrée, comme on le voit dans Iſidore
avec des bandes de pourpre qui vont en diminuant
de part & d'autre. Pline qui en parle auſſy, dit que
le fond étoit blanc chamarré apparemment de bandes de pourpre ; & je crois que c'eſt ce que Diodore de Sicile appelle ῥαβδωτὰς à bandes, ou parta-
gées par bandes.

§. VI.

§. VI.

*Air, barbe, habit & armes des Gaulois. Ils ne faisoient
rien de public qu'armez. Couronne de métail.*

D ANS le Bas-relief suivant, ce sont les principaux de ceux qui consacrent le Monument.
Tout y caracterise les manieres & les pratiques du
pays, l'air, la barbe, l'habit & les armes. Diodore
de Sicile, & Strabon donnent aux Gaulois un aspect
rude, & un visage feroce. Le premier dit que les
uns se rasent la barbe, & que d'autres la gardent;
que les nobles d'entre eux, ou les gens distinguez
se rasent legerement les joües, mais se laissent ve-
nir *les moustaches pendantes* τας ὑπηνας αἰρρώπας; n'est-ce   *p. 305.*
pas ce qu'on remarque icy, n'y voit-on pas une
certaine austerité sur le visage, & les longues moustaches dont parle Diodore ?

L'habillement répond encore à ce qu'on lit dans
Strabon : *ils portoient*, dit-il, *des vêtemens fendus,*
pardevant sans doute, *&* à *manches qui descendoient*
jusques vers les genoux χιτῶσι χειριδωτους φέρουσι μέχρι
αἰδοίων καὶ γλουτῶν. C'est peut-être ce que quelques   *p. 135.*
Auteurs appellent *Trabeatum Sagum*, car le *Sagum*
étoit propre aux Celtes, d'où vient que Suetone
oppose le *Sagum* à la Toge; & c'est de-là que Tre-   *v. Suet c.58.*
bellius Pollio fait dire à Gallien, quand il apprit
que *la Gaule étoit perduë*, *est-ce que la Republique ne*
peut être en seureté sans vêtemens à bandes. Perditâ Galliâ

D

adrisisse & dixisse perhibetur non sine trabeatis sagis tuta est Respublica. Nôtre ancien mot *Sayon* descend en droite ligne du *Sagum.*

La pique qu'on leur voit tenir est encore de ces armes qui leur étoient propres. Diodore de Sicile dit qu'ils les appelloient *Lances* λαγκίας. Je ne m'arrêteray point icy sur ce que Varron donne ce nom aux Espagnols sans preuve: Brodeau qui le refute, s'en tient là dessus à Diodore de Sicile.

Le Bouclier tel qu'on le voit icy n'est pas moins particulier à la Nation. Les anciens, comme Polybe & T. Live, conviennent que le Bouclier Gaulois étoit plus long que large, d'où luy vient peut-être le nom de θυρεον que Strabon, & les autres luy donnent. Quelques-uns disent que c'est à cause de sa ressemblance avec les portes qui sont plus longues que larges. C'est une remarque aussy de Turnebe, mais plus subtile que solide. Ce ne sont point les Grecs qui leur ont donné ce nom, ceux-cy le tiennent des Celtes: aussy Pausanias dans ses arcadiques appelle θυρεοις les Boucliers propres aux Gaulois, & il nomme γέρρα ceux des Perses, quoy qu'aussy longs les uns que les autres qu'il compare ensemble. Ce qui se justifie davantage par un endroit des Phocides du même Auteur. *Les Gaulois, dit-il, voulant passer le Sperchius fleuve* de la Thessalie, *ils se servirent chacun des Boucliers de leur pays appellez Thures* en guise de Pontons τὰ ὅπλα τοις ἐπιχωρίοις θυρεοις ἐποιῆτο ἕκαστος αυτι σχεδίας ; & quoy que les Allemans appellent *Thur* une porte, il est certain qu'ils l'ont tiré des Celtes ; & c'eſt de-là que nôtre ancien mot *Targe* eſt ſorty.

On remarque donc par ces endroits de Pauſanias que le Bouclier Celte étoit preſque de la grandeur de ceux qui le portoient ; ce qui fait qu'il eſt appellé αἰδρομηκη *de grandeur humaine* par Diodore de Sicile. Ces Boucliers, dit le même Auteur auſſy-bien qu'Hirtius dans la guerre d'Eſpagne, étoient hiſtoriez ſuivant les manieres des peuples , & portoient ſouvent les marques differentes de leur bravoure, & de la gloire qu'ils en avoient acquiſe. Ceux-cy n'ont rien de particulier, ce qui fait voir en quelque façon que ceux qui le portent, exerçoient d'autres fonctions que les militaires.

On me dira peut-être que des armes à des hommes de leur profeſſion ne leur conviennent pas, & que des gens armez de la ſorte ne marquent pas qu'ils fuſſent dans une ceremonie religieuſe. C'étoit neanmoins la coûtume des Gaulois de ne rien faire en public que de cette maniere ; & c'eſt ce qu'on remarque dans Nicolas, de Damas peut-être. *Les Celtes* , dit le fragment rapporté par Strabon, *font armez toutes les affaires publiques de la ville ; ils n'entroient pas même autrement dans les Temples,* dit le Panegyriſte, *nec. . . templa ingrediebantur niſi armati.*

Il me reſte à expliquer le cercle que le premier des trois hommes tient ; ce n'eſt pas une circonſtance indifferente, & il eſt mal aiſé de croire qu'il n'ait pas un rapport eſſenciel au projet, & au mo-

P. 191.

D ij

tif de l'autel. Ce ne peut être donc qu'une couronne, & une couronne de métail précieux ; c'est ce
qu'on remarqueroit sans doute encore mieux , si
l'on avoit l'autre moitié d'en bas du Bas-Relief.

Le dessein de ces gens-cy étoit d'aller porter cette
couronne dans les bois où ils érigeoient leur Autel, & de l'attacher à quelques-uns des arbres, qu'ils
y reveroient comme Jupiter , en action de grace.
C'étoit une des manieres de marquer sa reconnoissance, & aux Dieux, & aux hommes chez presque tous les Peuples, comme je le fais voir dans le
Traité que j'ay cité. C'est ce qui produisit entre autres chez les Grecs les deux fameux discours d'Es-
chine *contre* Ctesiphont & de Demosthene *de la cou-*
ronne.

Act. de Gr.
3. Part.

---

§ VII.

Figures sans barbe de la troisiéme face expliquée. Endroit
de Varron sur ce sujet. Conjectures sur les termes
Celtes de ce Monument.

LA troisiéme face ne me tiendra pas beaucoup, parce que j'ay pressenty dans l'explication précedente ce qui concerne presque celle-
cy. On voit bien que ces Figures y vont comme
les autres du même côté gauche. Elles sont & plus
jeunes & sans barbe. Ce que j'ay rapporté de Diodore de Sicile peut s'appliquer icy : il se peut faire
encore que ce fussent de jeunes gens qui accom-

pagnoient ou leurs peres , ou leurs anciens dans la cérémonie. *Dans leur pays , l'enfance y eft tres-longue,* dit Pomponius Mela , *longiffima apud eos pueritia eft ;* on venoit plus tard qu'ailleurs à joüir des droits d'homme fait , & ce n'étoit que par le don en public d'une Lance , & d'un Bouclier , que la jeuneffe en-troit dans le commerce du monde , comme le dit Tacite , *in ipfo concilio. . . . . fcuto frameaque juvenem ornant.* Que fçait-on fi les parents de ces jeunes gens, ou les Magiftrats n'avoient point pris occa-fion de cette Fête, pour leur donner les armes qui les émancipoient, pour ainfy dire Les Lances icy & les Boucliers font moins grands ; & comme le remarque Strabon, ils proportionnoient au corps leur armeure. La difference des Boucliers ne fait rien, les Gaulois les portoient également ovales ou quarrez longs. Je ne fçay fi ce que l'on trouve de Varron dans Nonnius ne concerne point l'ha-billement de ceux-cy que l'on voit agraffé fur l'é-paule droite, *cum neque aptam mollibus humeris fibu-lam fagus ferret.* Comme ce fragment eft deftitué de ce qui pourroit le caracterifer davantage , il eft difficile de l'expliquer, il eft certain cependant qu'il a rapport à de jeunes Gaulois, ou Gauloifes.

C'eft dommage que l'Infcription de deffus cette face, & celle de la premiere, foient ou rompuës ou imparfaites. Elles auroient pû nous aider à en déterrer le fens. Quelque mot Celte connu nous auroit guidé à des conjectures plus approchantes. J'avoüe que l'*Eurifes* d'un côté ne m'eft pas moins

obfcur que le *Senani* de l'autre ; cependant comme
fous le mot d'*Eurifes* un des hommes tient une couronne, dans les origines Gauloifes de Boxhorn
Eurdd fignifie doré , dans le Lexique Breton du P.
Maunoir *Aour* qui veut dire or, n'eft pas fi éloigné
d'Eurifes, qui peut-eftre étoit l'ancienne maniere
de prononcer. Cela ne pourroit il point marquer
une couronne d'or que les Senani *Nautæ*, ou les
Commis de la Seine offriroient au Dieu à qui l'Autel eft érigé.

Voicy une autre conjecture dont le P. Pezeron
me fournit la matiere. *Vr*, dit-il , fignifie un homme dans l'ancien langage des Celtes, *Eurifes* ainfy
feroit le pluriel d'*Vr*, & voudroit dire les hommes.
Il y avoit peut-eftre du côté des figures fans barbe
un mot qui fignifioit *les jeunes gens*. & avec le *Senani*, comme fi on avoit voulu mettre les jeunes
gens, & les hommes, où les Traitans de la Navigation de la Seine, offrent une couronne. Il me femble neanmoins voir aprez le mot *Senani*, celuy de
Leud ou *Liëud*; ce terme qui fe trouve dans la Pre-
face de Fortunatus à la tête de fes Poëfies, veut dire
Chants, comme le texte de cet Auteur le fait voir.
Perfonne, dit-il, ne me corrigeoit dans mes chants,
parce que tout étoit égal à ceux auprez de qui je
chantois, ou la voix rauque du Canar, ou les fons
tendres du Cigne. Quelquefois feul ma harpe en
badinant ne formoit que des chants barbares , *fola
fæpe bombicans barbaros leudos harpa relidebat.* » Que
» tout le monde entonne vos loüanges, dit-il ailleurs

à un *Lupus*, pour moy je ne les chanteray que par « des vers barbares, afin que la loüange que vous «, meritez se chante sur differens modes. «

Nos tibi versiculos dent barbara carmina leudos,
Sic variante tropo laus sonet una viro.

Ce terme donc dans l'Inscription *Lieud* ou *Leud*, ne voudroit-il point exprimer les *Chanteurs* de la ceremonie, ou les Prêtres. Je ne donne cecy neanmoins que comme une conjecture tres-legere ; car dans la verité il est tres-difficile de trouver dans les traits d'aprez le SENANI, des lettres qui puissent faire une liaison apparente.

---

§. VIII.

Figures du second Autel expliquées.

IL n'y a presque rien, à mon sens, que de commun à dire sur les autres Autels. Le premier du côté de l'Autel qui suit, represente Jupiter barbu à la Celtique, ce qui montre, ou qu'un homme du pays l'a érigé, ou qu'il l'a fait faire par un ouvrier Gaulois. Le terme même de JOVIS, est le nom Celte du Dieu au nominatif, avec une terminaison Romaine, parce que les Celtes ne disoient que *Jou*, suivant l'Abbé de la Charmoye. J'ay remarqué depuis que l'on m'a fait ces desseins, que Jupiter pose la main droite sur la tête d'un homme en petit à demy nud. Cet homme est

peut-eſtre celuy qui a érigé l'Autel, & qui ſe met-
toit de la ſorte ſous la protection du Dieu. On
trouve de ces manieres de ces ſortes de types dans
les Médailles Romaines, où l'on voit des Empereurs en petit ſous la main droite des Dieux.

La figure & le nom du Dieu Vulcain eſt la
preuve de ce que j'ay dit dans l'article precedent,
qu'un Gaulois avoit donné une barbe à la mode
de ſon pays, & une terminaiſon Latine à ſes Dieux,
lares, ou *conſervateurs*. Celuy-cy s'appelloit peut-
eſtre en Celte *Volc*, car les mots les plus anciens
de cette Langue ſont d'ordinaire monoſyllabes;
& les autres peuples à qui les Celtes ont commu-
niqué leur Langage, n'ont fait qu'y ajoûter des
terminaiſons differentes. Le marteau & les tenailles
que tient cette Divinité, ſont les inſtrumens qui
la differencient des autres Dieux.

ESUS qui eſt le nom de Mars en Celte, eſt
trop connu pour que je cite tous les Anciens qui
le diſent *. Je ne ſçay ſi les arbres entre leſ-
quels il eſt, ne marquent point un rapport, une
union de deſſein hiſtorique, ou morale, avec la
face qui ſuit : mais que peut faire imaginer l'Inſcription compoſée de trois noms Celtes, au premier & au troiſiéme de qui l'on a donné une terminaiſon Romaine ? il eſt conſtant que TARU,
TRI & GARAN ſont trois mots Celtes qui veulent dire *Taureau*, *Trois*, & *Grüe*, comme le P. Maunoir Jeſuite, Boxhorn & le P. Pezeron en conviennent. Que cela nous apprend-il ? Je ne ſçache
rien.

* C'eſt ſe mocquer, que de coppier des choſes triviales ſans neceſſité.

rien dans la Mythologie qui nous en puiſſe éclair-
cir. Le Mars du voiſinage eſt le Dieu du Courage;
c'eſt luy qui inſpire aux hommes l'intrépidité, les
fait parvenir au Heroïſme. Les Gruës & le Taureau
ne ſeroient-ils point des ſymboles de hardieſſe &
de bravoure dans l'idée de celuy qui a conſacré
l'Autel, & cela ne pourroit-il point avoir rapport
avec ſes avantures? Quoyqu'il en ſoit, le Taureau
eſt connu par ſa force & par ſon courage; on l'op-
poſe au lion quelquefois comme un animal propre à
luy tenir teſte, du moins pour quelque temps. Les
Gruës, dit Ariſtote, dans les combats qu'elles font
enſemble, ſont ſi opiniâtres, & ſi acharnées, qu'elles
ſe laiſſent plûtôt prendre par les hommes, que de
quitter priſe entre elles.

Je n'en ſçay pas davantage ſur ce ſujet, ſi ce
n'eſt que le Taureau étoit chez les anciens Celtes
ce qu'ils mettoient dans leurs Enſeignes militaires.
Leur uſage étoit auſſy de les dépoſer dans les bois
qui étoient leurs Temples, comme on le voit dans
Tacite, *effigies & ſigna quædam detracta lucis in præ-*
lium ferunt. » Ils portent dans le combat de certaines «
Figures & des Enſeignes qu'ils tirent des bois où «
ils les gardent. Il paroiſt dans la vie de Marius que
c'étoit un Taureau, qu'il étoit d'airain, & qu'ils
le prenoient pour gage de leur foy, *jurant par le*
Taureau d'airain, dit Plutarque, ὁμόσαντες τ χαλκεόν
Ταῦρον; ainſy le Taureau comme on le voit icy
dans les bois, y eſt peut-eſtre comme une image de
la paix dont les peuples joüiſſoient ſous la domi-

Hiſt. an. l.
9. 6. 12.

p. 419.

E

nation des Romains ; les Gruës de même qu'on y
voit tranquilles, y feroient auffy par la même idée,
& par le même motif.

---

§. I X.

Pan. Nom Celte de ce Dieu expliqué. Du terme **Nunnos.**
*Preuve des conjeĉtures. Ogmios nom d'Hercule
en Celte.*

J'AY peu de chofes à dire fur le troifiéme Autel;
les deux faces où l'on voit Caftor, & Pollux avec
des chevaux n'ont rien qui puiffe faire imaginer
quelque chofe de particulier. Les Gaulois fans doute avoient les mêmes idées de ces deux Heros, &
les reprefentoient comme les Grecs, & les Romains.
Le *Cernunnos*, terme qu'on lit au-deffus de la troi-
me face, eft encore apparemment un nom Celte,
peut-être de Pan, que peut reprefenter la tefte cor-
nuë. Elle a de deux fortes de cornes, en quelque
façon, des cornes de Belier droites, & des cornes
de Daim. La Fable dit bien que ce Dieu fe chan-
gea en Bellier, il fe peut faire que dans les Gaules
quelque Epifode fabuleux le fit traveftir en Daim ;
à l'égard du nom *Cernunnos*, c'eft peut-eftre, comme
je l'ay dit, le nom en Celte de ce Dieu compofé
de deux mots. Si nous avions le Bas-relief entier,
il nous auroit donné fans doute quelque lumiere
pour l'interpretation de ce mot. & quel ufage en
faifoient les Gaulois. Voicy mes conjeĉtures fur

ce fujet, je crois ce terme compofé de deux mots,
l'un eft *Cern* que le Pere Pezeron, & le Pere Maunoir, qui l'écrit *Quern*, difent fignifier *Corne*. Mais
comme avec cette interpretation on ne pourroit
rien faire du mot qui fuit, il faut chercher un autre
mot Celte qui puiffe convenir avec le deuxiéme
mot, qui conftamment entre dans la compofition
du *Cernunnos*, comme je pretends le faire voir.

En effet, en prenant *Cern* ou *Quern* pour corne,
on n'y fçauroit joindre l'*Unnos*. Il n'y a point d'ex-
preffions que nous fçachions en Celte qui puiffe
luy convenir. Il faut donc partager ce mot en *Cer*
& en *Nunnos*. Dans le Celte *Cer*, *Cher*, *Ker* ou
Quer font le même, & fe prononcent de même,
comme on le voit par *Cern* ou *Quern*. Ce mot donc
fignifie ou *Ville & Pays*, ou peut-être *Monde* ou
Terre. Il fignifie auffy *Cher*, qui peut fe prendre
pour *Bon*, *Bien-faifant*, *aimable*, comme on le peut
remarquer dans le Lexique du Pere Maunoir. Or
foit qu'on le prenne en l'une ou en l'autre des deux
differentes fignifications, il eft aifé de le combi-
ner avec le *Nunnos* qui fuit. Ce mot donc *Nunnos*
ou *Nonnos*, car c'eft la même prononciation, ne fe
trouve dans aucun des deux Auteurs que je viens
de citer; ainfy il faut avoir recours à d'autres four-
ces, & chercher ailleurs ce qu'il peut fignifier.
J'en trouve des traces dans les Capitulaires, à un
endroit entre autres où il eft parlé de Superieurs,
ut qui præponuntur N O N N I *vocentur*. En ce fens
Nonnus voudroit dire *Seigneur*, *Superieur*, *Maiftre*,

E ij

ou peut-eſtre *Pere*, comme il ſemble que le Canon 18. du Synode d'Aix-la-Chapelle, tenu en 816. l'inſinuë, *ut qui præponentur NONNI vocentur hoc eſt paterna reverentia.* Il falloit que ce fut un nom commun, & ancien dans le pays. Ce mot ſe trouve même dans la Regle de S. Benoiſt chap. 6. au même ſens, d'où ſans doute le Canon d'Aix a été tiré en propres termes. Il eſt ſi bien ancien qu'on le trouve même dans un Commentaire ſur les Pſeaumes, attribué à un Arnobe, ou l'ancien du troiſiéme ſiecle, ou le jeune du quatriéme. *Si ille*, dit il ſur le Pſ. 105. *qui ſanctus vocatur & NONNUS ſic agit*, & ſur le 140. *væ autem mihi & meis ſimilibus, quia invicem nobis oleo capita impinguamus & adulantes nobis invicem in præſenti poſiti ſanctos nos vocamus & NONNOS.* Malheur à moy & à mes ſemblables qui nous parfumons la teſte, & qui par adulation en preſence des uns & des autres, nous nous appellons Saints & Maîtres ou Peres *Nonnos.* On voit donc que ce terme ſignifie ou *Maiſtre* ou *Pere*, & qu'en le joignant avec le *Cer*, *Ker* ou *Cher*, pour dire ou *Lieu*, *Canton*, *Monde ou Terre*, ou ſi l'on veut *bon* ou *amable*, il ſera aiſé de donner un ſens raiſonnable à *Cernunnos*, & le prendre pour *Maiſtre du lieu*, ou pour *bon & excellent Pere.* Tout cela enfin peut convenir à Pan, comme Maiſtre & Souverain du Monde, ou ſi l'on veut comme Pere & Patron du Pays. Il étoit reconnu en effet pour tel par bien des Peuples Payens; ce qui eſt trivial.

Ie ne ſçay au reſte qu'imaginer de ces deux

aneaux paſſez dans les cornes de Daim. Peut-eſtre auſſy ne ſont-ce pas des aneaux , mais des couronnes d'or ou d'autres métaux dont les Peuples ornoient cette eſpece de Divinité quelle qu'elle ſoit. Pour ce qui eſt des cornes, on ſçait que les Anciens en donnoient à quelques-uns de leurs Dieux, & leurs Roys mêmes qui s'en paroient quelquefois, rendoient cet ornement,& ce ſymbole d'uſage; mais cela eſt ſi trivial , & comme j'en ay parlé ailleurs, je n'oſerois le repeter icy.

Je ne doute point que le buſte nud vis-à-vis une teſte de Serpent ne ſoit Hercule, & le Serpent une teſte de l'Hydre; les autres têtes étoient peut-eſtre au deſſous dans la portion de l'Autel qui nous manque. On voit au bout de l'Inſcription inliſible du haut ces deux lettres O S qui peut-être ſont la fin du nom Celte d'Hercule d'O G M I O S.

Explication d'une Pierre gravée de M. de Pontchartrain.

---

§. X.

Du quatriéme Autel & de ſes Bas-reliefs.

A L'égard du dernier Autel & de ſes Bas-Reliefs, j'avoüe que je n'en ſçaurois rien déterrer d'hiſtorique , & je laiſſe cette Province à conquerir à de plus heureux ou de plus habiles que moy : voicy neanmoins quelques remarques que l'on peut faire à ce ſujet. On y voit à chaque face une figure d'homme & de femme ; ſoit que ce ſoient des Divinitez ou des hommes, elles ont un air Gaulois; les unes font veftuës & armées, & les autres font prefque nuës; celles qui ont des Cafques les ont à la Gauloife qui avoient *de grandes éminences* felon Diodore μεγάλας ἐξοχάς. Le *Caffis* des Tof-cans eft fans doute cette efpece d'armure de tefte d'où vient par fucceffion nôtre terme de Cafque; c'eft d'Ifidore que je tire cette notion. »On » dit que le *Caffis* eft un nom Tofcan, dit cet Auteur, » le Cafque en effet s'appelle *Caffis* dans ce pays. Je » crois que cela vient du nom qui fignifie tefte, *caffi-dem à Tufcis nominatam dicunt, illi enim Galeam Caffidem nominant credo à capite.* Or ces Tofcans font peut-eftre les Umbriens, qui comme le prouve le Pere Pezeron, étoient des Celtes; ainfi le *Caffis* d'où vient nôtre mot *Cafque* eft encore un terme Celte qu'il faut ajoûter au catalogue que quelques Au-teurs nous en ont donnez.

L. 18. c. 14.

Les Figures qui paroiffent à demy nuës & caf-quées reviennent à ce que difent Polybe, T. Live, & Paufanias, que les Gaulois combattoient nuds la plûpart du temps pour eftre plus libres. C'eft pour cela fans doute qu'ils avoient des Boucliers plus grands que les autres Peuples.

On voit quelques Figures avec un ornement au bras droit, ornement d'ufage aux Gaulois, *qui por-toient,* dit Strabon, *aux bras, & au poignet des bra-celets,* περὶ ἢ τοῖς βραχίοσι καὶ τοῖς καρποῖς ψέλια. D'au-tres Grecs appellent ces ornemens *Dextrocheria,* & les Latins *Dextralia,* comme on le voit dans Ifi-dore; auffy nos Figures le portent-elles au bras

dr oit. Je ne fçay fi l'Empereur Carus, que S. Chry=
foftome décrit avec un de ces Bracelets de Pierre-
ries dans une pompe, n'avoit point apporté cet orne-
m ent du pays dont il étoit originaire. Quelques
memoires anciens, dit fon Hiftorien, le font de
Milan, & cette Ville eft Gauloife comme on le
fçait. Cela feroit voir que l'ufage de ces Bracelets
fe feroit perpetué jufques fort bas. A l'égard du
refte je n'en fçay pas davantage, & je ne l'ay fait
deffiner que pour conferver des reftes d'antiquité
fi précieufes, & fi rares en ce pays.

Eloges de
S. Babylas.

F I N.